Plante par plante

Quelques pistes d'inspiration

Sommaire

Les bases pour jardiner en pot

Comment une plante vit-elle dans son pot, quels sont ses besoins vitaux, que doit-on prévoir pour en profiter ? Ce sont les principales questions à vous poser…

Une plante en pot, comment ça marche ?

Un végétal dans un contenant fait face à des contraintes particulières, que ne connaît pas une plante en pleine terre : autant le savoir pour éviter toute déception !

PETIT VOLUME, PETITE RESSOURCE

La plante qui se trouve dans un pot, quel qu'il soit, n'a à sa portée que des ressources qui se limitent au volume de terre que le pot contient. Dedans, elle doit y trouver l'eau et les éléments nutritifs pour se développer. En réalité, les racines plongent vers le fond du pot, là où se trouve le maximum d'humidité, mais aussi les éléments nutritifs entraînés par les arrosages successifs. Ainsi, souvent, le quart supérieur du volume n'est pas utile à la plante, sauf lorsqu'elle s'y trouve depuis de longues années.

INTEMPÉRIES PLUS FORTES

- **Les racines se trouvant au-dessus du niveau du sol** (puisque le pot n'est pas enterré dans le sol !), elles subissent des températures plus élevées en été et plus basses en hiver qu'une plante en pleine terre. Or, les plantes solides des

La plante n'a que ce qu'elle trouve dans le pot pour survivre et se développer.

Grandes plantes, grands pots.

tiges ne le sont pas forcément des racines. En gros, beaucoup de plantes ont des bras de colosse… mais des pieds de mauviette. Dans ces conditions, une même plante en pot pourra souffrir là où la même plante, en pleine terre, ne souffrirait pas des intempéries. Peu important dans les cours protégées des vents froids, surtout au cœur des villes, ce paramètre est crucial sur les balcons très exposés aux vents froids et en dehors des agglomérations.

Un petit pot est souvent provisoire.

EN VILLE, C'EST CHAUD !

Les balcons et terrasses en zone urbaine dense bénéficient de conditions plus chaudes qu'à la campagne ou dans les zones faiblement urbanisées. La déperdition de chaleur par les bâtiments chauffés, l'accumulation de chaleur par les bâtiments, la moindre présence du vent et d'autres facteurs en sont à l'origine. **Comptez une différence de 5 °C entre une cour abritée en cœur de ville et une terrasse nue, en pleine campagne**, quelle que soit la région. Ce qui se plaira en ville (les plantes frileuses par exemple) ne tiendra sans doute pas en zone non urbaine, en pot…

Ce qu'il vous faut pour commencer

Cultiver des plantes en pot sur un rebord de fenêtre ou sur une grande terrasse demande le même type de fournitures. C'est leur quantité et leur dimension qui varie d'un cas à l'autre.

Prévoyez un bon équipement.

DES OUTILS

Au minimum, vous aurez besoin :

- **d'une griffe à main** (sorte de grosse fourchette) qui vous servira à décompacter la terre en surface, à ratisser, à faire levier, etc.
- **d'une pelle à main**, au fer plus ou moins incurvé. Elle sert à manipuler les matériaux en vrac (terreau, terre, etc.) lorsqu'elle est très incurvée. Plate, elle sert à creuser. L'idéal est d'avoir une pelle de chaque type, surtout lorsqu'il y a beaucoup de pots.
- **d'un petit sécateur**, pour couper les tiges trop longues, les vieilles racines, etc. Choisissez un petit modèle, à lames fines.
- **d'un arrosoir à long bec** : il permet d'atteindre les pots situés derrières les autres, sans mettre de l'eau partout. Un modèle de 3 l suffit, car il faut le tenir à

bout de bras. Alternative : une buse à long manche au bout d'un tuyau que l'on fixe sur le robinet, pratique pour les grandes séances d'arrosage mais moins au quotidien.

DE LA TERRE

▸ **Les sacs du commerce :** ils sont prêts à l'emploi pour 95 % des plantes ; quelques-unes ont des besoins très spécifiques, mais dans ce cas, vous trouverez des sacs de mélange prêt à l'emploi, comme pour les orchidées ou les cactées.

▸ **La terre de jardin :** elle n'est pas adaptée à un emploi en pot, surtout les petits (moins de 10 l), car elle sèche vite et se compacte. Si vous pouvez en obtenir, mélangez-la à du terreau du commerce. Mais le plus utile, si vous avez accès à un jardin pour vous fournir, sera de récupérer du compost, une sorte de terreau issu de la décomposition des végétaux, très riche et idéal pour employer en pot, surtout en extérieur.

Des matières drainantes : une petite réserve d'éléments drainants, comme des billes d'argile ou de la pouzzolane, est utile. Le genre de sac un peu encombrant qu'il vaut mieux stocker à la cave !

Les quatre composants de base : un pot 1, du drainage 2, de la terre 3... et une plante 4.

À SAVOIR
Terre réutilisable

La terre ayant déjà supporté une culture l'année précédente peut être réutilisée pour des plantes peu fragiles, comme les fleurs à balconnières (roses d'Inde, etc.), en y incorporant de l'engrais à libération lente. Pour les plus sensibles aux maladies, comme les tomates, le basilic ou les cinéraires, n'employez que du terreau neuf.

Des pots

C'est tout de même l'élément principal dans lequel on cultive les plantes. Autant y prêter attention !

UNE GRANDE DIVERSITÉ

Ils sont très variés, tant dans leur matière que dans leur forme et leur volume (voir plus loin). Ne vous bornez pas à acheter seulement un pot mais pensez aussi à ce qui est nécessaire pour en tirer le meilleur usage, comme une soucoupe de forme adaptée (même en extérieur, cela rendra service, surtout en été). Pensez aussi, dans le cas d'un rebord de fenêtre, aux dispositifs de sécurisation, comme les chaînettes retenant les jardinières en cas de coup de vent.

QUELLES OBLIGATIONS ?

La culture des plantes, même si elle est anodine, répond à des obligations en termes de réglementation. Tout d'abord, en copropriété, le règlement peut limiter la présence des pots, leur taille ou leur disposition, sur les rebords des fenêtres. Des règlements locaux (municipaux le plus souvent) peuvent également interdire ou réglementer la présence de jardinières aux balcons ; **le bon sens recommande de placer ses jardinières du côté intérieur de la rambarde fenêtre**, de façon à ce qu'en cas de gros coup de vent, elles ne tombent pas dans la rue. Certaines localités peuvent obliger à équiper ses jardinières d'un dispositif de sécurité (chaînette métallique).
Renseignez-vous !

LES POTS DE RÉCUPÉRATION

Une envie de déco décalée ou de donner une nouvelle vie à ce qui n'a plus d'utilité donne envie de cultiver des plantes dans des contenants qui n'étaient pas faits pour cela. Depuis les gamelles de cuisine jusqu'aux vieilles lessiveuses et bien d'autres, chacun y trouvera matière selon ses goûts. L'essentiel est de les transformer de façon à ce que les plantes puissent s'y développer. **Faites des trous de drainage au fond, si le contenant n'en possède pas.** Si la matière est fragile, vous prolongerez sa durée de vie en posant une couche protectrice entre l'intérieur du contenant et la terre.
Pour un effet réussi, les contenants de récupération doivent être disposés comme s'ils avaient été abandonnés dans un coin et que la végétation s'en était emparée de façon spontanée. Sinon, la récup' risque de paraître très artificielle, surtout si vous y placez des plantes à fleurs très colorées…

LES SACS SOUPLES

Apparus depuis quelques années, **ils ont la résistance du textile et la légèreté.** Pour y cultiver des légumes, c'est parfait ! Idéal pour créer de grandes jardinières dans un fond de cour, ce type de contenant a l'inconvénient de ne pas se déménager et de peser un poids très lourd une fois rempli.

Suspension.

Récupération (marmite).

Bac en bois.

Cache-pot en métal.

Choisir le matériau des pots

Vous trouverez des contenants en plastique, en terre cuite, en béton fibré, en résine, en métal… Chacun a ses avantages et ses inconvénients.

CARACTÉRISTIQUES DE CHAQUE MATIÈRE

Matière	Esthétique	Prix	Durée	Poids	Solidité	Performance
Béton fibré	★★	★★	★★★	★★★	★★★	★★★
Bois	★★★	★★★	★★	★★	★★	★★
Métal	★★★	★★★	★★	★	★★	★
Plastique	★★	★	★★	★	★★	★
Résine	★★	★★	★★★	★	★★★	★★★
Terre cuite	★★★	★★	★★★	★★★	★	★★

CUITES SUR LE ZINC

Un cache-pot métallique, c'est joli, mais dès que le soleil brille, la matière fait chauffer les racines de la plante qui s'y trouve.
Il faut alors arroser plus souvent. Or la conjonction d'une motte humide et chaude encourage les maladies. **Employez ce type de cache-pot uniquement à l'ombre** pour garder en pleine forme les plantes qu'ils décorent. Ou alors, utilisez-les pour des cactées, qui ne craignent pas ce genre de situation.

VOIR VIDÉO
Le matériau des pots

TERRE CUITE MAIS PAS CONGELABLE

Seul un petit nombre de pots en terre cuite brute peut passer l'hiver dehors sans s'abîmer. Il porte une étiquette ou une mention gravée explicite et peut dans ce cas résister à la neige comme à une succession de gels et de dégels. Ces pots se trouvent en jardinerie mais de façon irrégulière. Dans tous les autres cas, la terre cuite finit par se casser en lamelles. Vous pouvez éviter artificiellement ce désagrément en imbibant la terre cuite d'un vernis imperméabilisant. Le pot doit être sec et propre, et la couche appliquée sur les deux faces. Sinon, vous n'aurez pas d'autre choix que de remiser les pots sous abri sec (ils ne craignent pas le gel dans ce cas) ou choisir des pots plastique.

Dégâts du gel.

Contenant métallique.

Résine.

Plastique.

Terre cuite émaillée.

Matériau

Le volume : visez juste !

Le contenant doit être proportionné par rapport à la plante qu'on souhaite y placer. C'est bien sûr une question esthétique mais aussi technique.

Petit pot (pour une saison).

Pot pour le long terme.

LA BONNE TAILLE

La plante ne pouvant explorer le sol à son gré, elle doit trouver un volume suffisant pour se développer. De façon générale, **une plante doit bénéficier dans l'idéal d'un pot de volume égal à celui de sa partie aérienne.** Cependant, un pot plus petit aura pour effet de restreindre la taille de la plante. Cette règle ne concerne que les plantes herbacées classiques, comme les pélargoniums ou les légumes cultivés en pot par exemple.

Plus la plante sera grande à maturité et plus il vous faudra un pot large. Pour un rosier en pot par exemple, employez un pot d'au moins 30 l. Mais une cactée haute de 40 cm saura se satisfaire d'un petit pot de 2 l, du moment qu'elle soit bien arrosée et fertilisée en été.

DEUX CAS PARTICULIERS

Le piège provient des plantes qui cachent un système racinaire disproportionné par rapport à leur végétation. Les agapanthes, l'oiseau de paradis (*Strelitzia*) et les clivias offrent un bon exemple, ce sont de véritables « icebergs végétaux ». Leurs racines sont épaisses et nombreuses. **Pour eux, prévoyez un pot dont le volume sera le double de celui des feuilles.**

Les arbres cultivés en pot, quant à eux, ont un puissant système racinaire, qui doit pouvoir s'épanouir dans le contenant (hormis les bonsaï), même s'il s'agit de variétés naines ou que l'on désire conserver à une petite taille. Par exemple, pour un bel érable du Japon en pot, prévoyez un volume d'au moins 50 l. Pour un arbre fruitier en pot (pommier nain ou sarment de vigne), prévoyez jusqu'à 100 l. Ce qui veut dire un poids certain : attention à ne pas dépasser la charge que peut tolérer votre plancher !

VOYEZ LES POTS EN GRAND

Si vous surestimez la taille du pot, ce n'est pas grave, car la plante n'en souffrira pas. **Plus les racines de vos plantes pourront explorer un grand volume, mieux elles pousseront**. Elles seront aussi moins sensibles à la sécheresse, car le contenu d'un pot spacieux se dessèche moins vite qu'un petit. N'hésitez donc pas à voir grand, quitte à avoir moins de pots mais plus grands, et à y loger plusieurs plantes ensemble.

LA BONNE FORME

Ne négligez pas non plus la forme du pot.

- **Les pots plus larges que hauts sont bien adaptés aux plantes qui ne vivent qu'une saison** (fleurs annuelles, légumes d'été…).
- **Les pots profonds sont préférables pour les plantes vivant plusieurs années dans le même pot**.
- En revanche, **rond ou carré, les plantes s'en fichent** : il ne s'agit que d'une question esthétique.

Un petit pot suffit pour les bonsaï.

La bonne plante, au bon endroit

Que planter en fonction de l'exposition de votre balcon ou de votre terrasse ? Le choix est vaste !

Au soleil

Les végétaux à feuilles pourpres ou à feuilles coriaces y viennent souvent bien (à l'exception des rhododendrons et des camélias). En général, les plantes sont commercialisées avec une étiquette indiquant l'exposition dont elles ont besoin : jetez-y un coup d'œil avant d'acheter !

À l'ombre

La lumière manque souvent en ville, au fond des cours ou face à un immeuble imposant. Dans ce cas, essayez les plantes d'ombre, dont on trouve maintenant un grand choix : fougères, hostas, hellébores, etc.

À la mi-ombre

Il s'agit des endroits recevant un peu de soleil en journée en été, mais pendant quelques heures seulement. S'il s'agit du soleil du matin, essayez des plantes d'ombre. Sinon, recherchez des plantes supportant un soleil masqué pendant une partie de la journée (cette caractéristique est également indiquée sur l'étiquette).

Face aux vents

Préférez des végétaux de bord de mer, ainsi que des plantes gardant leur feuillage en hiver. Attention aussi à choisir des plantes supportant le froid car les températures en hiver seront plus basses qu'ailleurs.

Cactées et plantes grasses : plein soleil.

LA SOIF, CONNAIS PAS !

En situation très ensoleillée et très minérale, les conditions peuvent être cuisantes en plein été et peu de plantes peuvent alors tenir. **Essayez les plantes grasses**, dites aussi « succulentes » (bien qu'elles ne se mangent pas), comme les ficoïdes, les joubarbes et les orpins. Elles prennent peu de place

VOIR VIDÉO
Créer une jardinière d'aromatiques

Légumes : soleil ou mi-ombre.

Hortensias et heuchères : mi-ombre ou ombre.

(idéal pour un rebord de fenêtre) et sont très autonomes. Attention : toutes ne résistent pas aux gelées : il faudra soit les rentrer à l'abri à la fin de la belle saison, à la lumière, soit les remplacer au printemps suivant.

SI LA PLACE MANQUE : OSEZ LE NOMBRE ET LA SUPERPOSITION

Des pots en grand nombre donnent une impression de profusion, ce qui peut être en accord avec vos goûts ou pas. Si vous cultivez des plantes à fleurs de cette façon, vous pourrez varier le spectacle, en plaçant sur le devant les sujets en pleine floraison, et en mettant à l'écart ceux qui achèvent leur saison. **Jouez aussi sur la mise en scène si vous avez un peu de place** (quelques m²) : placez les pots les plus gros en bas, sur le sol. Sur une étagère placée au-dessus de ces gros pots, placez un rang de pots un peu plus petits, et ainsi de suite. De la sorte, **vous pourrez constituer une sorte de mur végétal**, en variant les espèces placées dans les pots. Attention cependant : multiplier le nombre de pots implique de bien s'organiser pour arroser dès les premières journées chaudes et lors de vos absences !

Le drainage

Il s'agit de la façon dont l'eau s'écoule à travers le substrat. Ce facteur est très important pour la bonne santé de vos plantes en pot, surtout en hiver.

Pouzzolane.

PLUS OU MOINS DRAINANT

▸ **Trop drainant, un substrat va sécher trop vite** et la plante aura soif plus rapidement. Trop peu drainant, le substrat retient l'eau et asphyxie les racines de la plante, qui peuvent alors pourrir. Il faut donc trouver un bon compromis entre les deux. Le drainage tient à la fois du substrat et de ce qui se trouve au fond du pot.

▸ **Les substrats** : riches en tourbe ou en argile (la présence de ces éléments est

Billes d'argile expansée.

Tessons de récupération.

Drainage colmaté.

Trous de drainage insuffisants.

indiquée sur l'emballage), ils ont tendance à se gorger d'eau. Le sable, la perlite, la pouzzolane broyée améliore le drainage.
Les mélanges qui en contiennent se destinent aux plantes ne supportant pas l'humidité au niveau des racines, comme les plantes grasses (cactées et compagnie).

▸ **Au fond du pot** : il est d'usage de verser une couche de drainage, de 2 à 5 cm de hauteur, avant de placer le terreau. Des graviers, des tessons de pots cassés, des billes d'argiles, de la pouzzolane peuvent faire l'affaire : la fonction de cette couche est juste de permettre à l'eau au fond du pot de regagner plus facilement les trous et de s'échapper du pot.

COLMATAGE

Avec le temps, la couche de drainage placée au fond des jardinières peut se tasser et se colmater. Une couche de graviers noyée dans le terreau ne sert plus à rien car elle ne draine plus ! **L'idéal consiste à vider entièrement le pot et le rincer**, avant d'y installer une nouvelle couche de drainage et du terreau frais. Dans ce cas, retirez la couche et placez-en une nouvelle, d'une texture plus grosse.

LES TROUS DE DRAINAGE

Leur nombre est parfois insuffisant au fond du pot, surtout ceux qui ont plus une vocation décorative que vraiment jardinière. Dans ce cas, il faudra peut-être les percer ou faire davantage de trous dedans. **N'hésitez pas à multiplier les trous de drainage au fond.** Effectuez un premier trou avec une mèche fine, puis élargissez avec un plus fort diamètre afin de ne pas briser la céramique.

À SAVOIR
→ Réserve noyée

Les bacs à réserve d'eau ne sont pas adaptés à un emploi à l'extérieur, car la pluie les transforme en aquarium. Bannissez-les donc de tout endroit exposé directement aux intempéries, mais utilisez-les sans crainte sous les patios couverts.

Les pots XXL

Ils sont très décoratifs car imposants mais ils posent aussi des contraintes différentes des pots classiques…

À PARTIR DE QUELLE TAILLE ?

Un pot d'une contenance supérieure à 50 l peut être considéré comme de grande taille. Il va donc peser lourd puisqu'après une forte pluie d'orage, un tel pot pèsera jusqu'à 60 kg (s'il est en fibre de béton).

UN DRAINAGE DIFFÉRENT

Dans un très gros pot, l'eau ne se comporte pas de la même façon que dans un petit contenant. Au lieu de s'écouler complètement en un quart d'heure par exemple, **elle pourra stagner plus d'une journée**, surtout si les racines obstruent le trou de drainage. Ce phénomène est accentué par la masse du végétal et conduit à ce que des flaques persistent dans le pot durant les périodes humides. Les racines peuvent alors finir par se retrouver asphyxiées. **Évitez cet écueil en prévoyant une couche de drainage surdimensionnée, composée de 7 cm de gros graviers.** Compensez-la en tapissant le fond du pot d'une terre riche mais pas trop argileuse, elle-même surmontée de terre sableuse ou de terreau fibreux.

CALES UTILES

Des cales sous le pot faciliteront le drainage des gros pots en empêchant l'eau d'y stagner par capillarité. Vous pouvez employer des morceaux de tasseau de bois mais il existe des cales pour pots, très décoratives, qui mettent le pot sur pied.

STABLES FACE AU VENT

Pensez à arrimer les grands arbustes en pot, afin que les bourrasques ne les fassent pas chavirer. Accrochez le tronc au mur par un lien discret et élastique, en évitant absolument les fils fins : ils cisaillent le tronc et abîment l'écorce. Des kits de fixation peuvent se trouver dans le commerce mais vous pouvez en bricoler un vous-même. La fixation du pot par-dessous est également envisageable, pour les pots de petite dimension (moins de 50 cm de diamètre) et reposant sur une chape de béton. À noter qu'un dispositif contre le vent est aussi efficace contre le vol, en rez-de-rue !

Pots de très grande taille.

La chaîne limite le risque de vol ou de basculement du pot.

Planter une plante dans son pot

C'est la principale technique à connaître, avec le rempotage : une fois en main, vous pourrez cultiver à peu près toutes les plantes en pot !

AVANT DE COMMENCER

Choisissez un pot adapté à la taille de la plante à installer, c'est-à-dire d'un volume minimal par rapport aux besoins de la plante et son encombrement tel que vous le souhaitez, à terme. Un pot plus petit que nécessaire nanifiera la plante (c'est le principe du bonsaï), un pot plus grand lui offrira de quoi se développer plus vite et mieux (mais elle ne sera pas plus grande que la normale).

À SAVOIR

→ Laisser dans le pot d'origine ?

Les plantes sont vendues dans le commerce dans un pot temporaire, dans lequel elles n'ont pas vocation à passer leur vie entière. Elles peuvent y passer une saison, avec un bon entretien, mais pas plus d'une année de toute façon…

PAS À PAS

1 Vérifier le drainage

Percez le fond du pot s'il n'est pas muni de trous : plus le pot est gros et plus il faut de trous de drainage : comptez-en un pour 10 l. Placez en suite une couche de drainage au fond du pot.

2 La couche de terreau

Apportez du terreau en quantité suffisante pour que vous puissiez y caler la plante, en remplissant aux deux tiers.

❸ Rectifier la texture

Si la plante a besoin d'un substrat très léger (drainant), il faudra peut-être rajouter des éléments au terreau pour le rendre plus poreux. C'est à ce stade qu'il faut l'ajouter, en mélangeant directement dans le pot. Il peut être plus pratique, si vous avez la place, de préparer ce mélange à part.

❹ Préparer la plante

Sortez la plante de son pot. Éventuellement, démêlez les racines de la plante, sans tirer dessus comme un forcené, mais en libérant les racines qui se gênent. La reprise sera meilleure. Dans le cas de plantes vivaces, comme la menthe, vous pouvez tailler franchement dedans, ce qui augmentera la survie de la plante à long terme.

❼ Arroser

Mouillez généreusement la terre. Elle s'affaisse, ce qui est normal. Rajoutez alors encore un peu de terreau, jusqu'à ce que le pot soit comblé partout (jusqu'à 2 ou 3 cm sous le bord).

❺ La positionner

Placez la plante dans le terreau, au centre et de façon à ce que la partie supérieure de la motte se situe à 5 cm environ sous le rebord du pot.

❻ Combler

Rapportez du terreau (ou du mélange) de façon à remplir totalement le pot, jusqu'à 3 cm sous le rebord. La motte est donc complètement enterrée et on ne doit pas voir affleurer les racines. Sinon, c'est que la motte est positionnée trop haut, qu'il n'y a pas assez de terreau… ou que le pot est trop petit pour cette motte.

VOIR VIDÉO
Planter une plante dans un pot

Entretenir les plantes en pot

Quelques gestes simples pour les nourrir, les arroser à la bonne fréquence et les tenir en forme vous garantiront une longue durée de vie de vos protégées. Prenez les bons repères !

Nettoyer une potée

Ces quelques petits soins, à prodiguer régulièrement, ne vous prendront pas beaucoup de temps, mais maintiendront l'allure de vos plantes pendant longtemps.

Nettoyage des fleurs.

Désherbage à prévoir.

ENLEVER LES FLEURS FANÉES

Retirez les bouquets défleuris sur les plantes à fleurs, quel que soit leur type. De cette façon, la plante épuisera moins vite les réserves nutritives du pot et formera volontiers de nouvelles fleurs.

NETTOYEZ LES VIEILLES FEUILLES

Retirez les feuilles qui jaunissent et montrent des signes de fatigue, signe que leur temps est passé.

Au cours de la saison, la plante formant de nouvelles feuilles aura tendance à se débarrasser des anciennes. Mais beaucoup de feuilles qui jaunissent doivent vous alerter sur un éventuel problème, en particulier le manque de drainage du pot ou des arrosages excessifs. Lorsque la plante a très soif, elle peut aussi perdre des feuilles pour se prémunir de ce stress, mais en forme de nouvelles dès que tout revient à la normale.

LE PETIT DÉSHERBAGE, C'EST IMPORTANT !

Arrachez les mauvaises herbes qui lèvent depuis quelques semaines, avant qu'elles ne deviennent trop imposantes. Tirez dessus si la terre est meuble ou soulevez-les avec un couteau (un couteau de cuisine peut faire l'affaire). Cette concurrence nuit beaucoup aux plantes cultivées car les ressources du pot sont limitées. Mais toutes les mauvaises herbes ne sont pas vilaines : ne soyez pas dogmatique, mais jugez en fonction de vos goûts.

CHAPEAUX SOUS LE POT

En pot, l'apparition de champignons est souvent signe d'un substrat peu ou mal décomposé. Ne craignez rien pour les plantes : les champignons ne font qu'achever le travail de décomposition des fibres du mélange et il est peu probable qu'ils s'attaquent aux racines vivantes. Il n'est même pas besoin de retirer les chapeaux car l'essentiel du champignon se trouve sous forme de filaments invisibles.

LES BÉBÊTES

Au cours de l'entretien, vous croiserez des vers de terre et des cloportes. **Ils ne font pas de mal aux plantes et leur présence est même bénéfique** : ne vous en inquiétez et dites-vous que c'est la nature. Les fourmis ne font pas non plus trop de mal aux plantes mais peuvent être gênantes. Pour vous en défaire, trempez le pot incriminé dans un seau d'eau (en immergeant totalement la motte), pendant une nuit entière.

Déplacez en fonction de l'intérêt.

L'arrosage

Il représente la principale contrainte des plantes en pot. Que vous ayez peu de plantes ou beaucoup, pensez-y dès le départ.

Mini-arrosoir : pas pratique !

À LA MAIN OU AUTOMATIQUE

Arroser à la main, cela veut dire régulièrement remplir son arrosoir d'eau du robinet et faire la tournée des pots, pour donner à chacun la quantité d'eau dont il a besoin. C'est l'idéal car chaque plante reçoit la quantité nécessaire en fonction de son état. Mais **lorsque le temps manque, qu'on est souvent absent ou qu'on veut tout simplement se faciliter la vie, il faut penser à l'automatisation**. Il existe, dans le commerce, des quantités de système permettant d'arroser de façon automatique. Le plus simple est un programmateur qui se branche sur une sortie d'eau, et qui alimente un circuit de tuyaux, eux-mêmes se terminant en goutteurs ou en asperseurs.

Asperseur pour un seul pot.

Arrosage en pluie, à la main.

Asperseur large.

GOUTTEURS OU ASPERSEURS ?

▸ **Les goutteurs délivrent l'eau à l'endroit où on les place**, et pas à côté. Cela veut dire qu'un goutteur ne peut arroser qu'un pot à la fois (mais on peut mettre plusieurs goutteurs dans un même pot, s'il est grand par exemple). Il faudra compter, au minimum, autant de goutteurs qu'il y a de pot.

▸ **Les asperseurs, eux, arrosent à la ronde** et peuvent normalement arroser plusieurs pots à la fois. Mais ils ont tendance à mettre de l'eau partout, même s'il existe des asperseurs réglables, qui n'arrosent qu'une partie des alentours, par exemple. À vous de choisir en fonction de vos contraintes, sachant qu'il est possible de mettre des goutteurs et des asperseurs sur une même installation, mais ce n'est pas conseillé (la pression n'est pas la même entre goutteurs et asperseurs).

EN CAS D'ABSENCE

Installez un système d'irrigation automatique si vous devez vous absenter longtemps. Réglez le débit des goutteurs à une valeur élevée (plusieurs litres à l'heure) et réglez le temps et la fréquence du déclenchement de l'arrosage. Mettez des piles neuves dans l'appareil et testez avant de partir : ne tentez pas le diable !

DEUX PROBLÈMES D'ARROSAGE

▸ **Le « coup de chaud »** : la plante a des feuilles ramollies et tombantes, le substrat est sec. Agissez sans délai et trempez tout le pot dans une cuvette d'eau durant 2 heures. Saturées d'eau, les racines pomperont avec avidité l'eau qui redonnera aux feuilles leur aplomb.

▸ **L'excès d'eau** : les feuilles jaunissent et se tachent de noir. Prenez soin de vider la soucoupe lorsque l'arrosage est terminé, c'est-à-dire quand l'eau a fini de percoler dans le substrat. Veillez aussi à ce que la plante n'ait pas froid. En dessous de 16 °C la nuit, la plante se met en repos. Comme elle ne pousse presque plus, elle n'a pas besoin d'arrosage très fréquent, ni très copieux.

Le rempotage

C'est l'autre technique qui permet de garder une plante longtemps: une plante rempotée à la bonne fréquence et de la bonne façon peut vivre indéfiniment en pot.

LES REPÈRES

- **Fréquence**: lorsque la plante « a faim », qu'elle pousse moins, que ses racines sont à l'étroit (elles sortent par le trou de drainage et tapissent l'intérieur du pot).
- **Époque**: le rempotage s'effectue dans l'idéal avant la reprise de végétation, en fin d'hiver (février-mars) ou juste après la floraison. On ne rempote pas une plante en boutons ou en pleine fleur, ni pendant les périodes d'intempérie (fortes gelées, sécheresse, canicule).

VOIR VIDÉO
Quand rempoter une plante ?

- **Matériel**: un nouveau pot (plus grand de 2 cm en diamètre, au minimum) ou le même si on ne veut pas s'encombrer, du terreau « neuf », une griffe à main, une grande bâche pour ne pas salir par terre.

PAS À PAS

1 Sortez le sujet de son pot.

Cette étape est un peu délicate. Tirez sur la plante. Si elle résiste, ne forcez pas. Retournez le pot et essayez de faire sortir la plante en tapotant le fond du pot. Un arrosage préalable facilite l'extraction. Si les racines déforment le pot (pot plastique), il faudra le découper.

2 Dans le nouveau pot,

placez une couche de drainage et un lit de terreau de 3 cm environ au fond. Vous pouvez aussi faire tomber de la vieille terre de la motte, avec les doigts ou un outil à main.

VOIR VIDÉO
Rempoter un agrume

VOIR VIDÉO
Rempoter un bonsaï

❸ Placez la plante dans le nouveau pot.

Si la motte dépasse, faites-la « maigrir » un peu, en la griffant : le haut de la motte doit arriver à 3 cm sous le rebord.

❹ Comblez l'espace

entre la motte et la paroi interne du pot avec du terreau neuf. Tassez avec les doigts ou un bâtonnet.

❺ Arrosez

Rapportez à nouveau du terreau s'il est tassé par endroits après l'arrosage.

À SAVOIR

→ Le surfaçage, une alternative au rempotage

Cette opération consiste à enlever 5 cm de substrat en surface et à les remplacer par autant de terreau frais. Grattez le dessus de la terre avec une griffe à main. Rapportez du terreau neuf. Une fois la nouvelle couche en place, arrosez beaucoup pour tasser le substrat. Remettez du terreau si le niveau s'est affaissé. Cette méthode permet de repousser le rempotage de quelques mois (jusqu'à 1 an).

REMPOTER DANS LE MÊME POT

Suivez le mode opératoire, mais avec les variantes suivantes :

- une fois la plante sortie de son pot, griffez les racines de la motte pour faire tomber le maximum de vieille terre
- après l'avoir remise dans son pot avec le terreau frais, effectuez une taille (raccourcissez les rameaux d'un quart à un tiers environ). Vous pouvez aussi choisir de couper très court si la ramure s'est dégarnie : cela repart très bien !

Bien fertiliser

Le maintien d'une plante à long terme dans son pot implique souvent de la nourrir, donc de la fertiliser. Mais il y a plusieurs façons de le faire.

La fertilisation liquide, avec prudence !

ENGRAIS OU REMPOTAGE ?

Les plantes à floraison décorative se développent parfois par vagues successives au cours de l'été. Respectez ce cycle pour en tirer le meilleur !

- **Chez les arbustes**, comme le datura, chaque vague voit d'abord se développer les racines, puis les feuilles et la ramure, avant de voir apparaître des boutons à fleurs. Le ralentissement de la floraison ne correspond pas forcément à un manque d'engrais, à moins que la plante ne soit depuis longtemps dans son pot et qu'elle y semble à l'étroit. Dans ce cas, envisagez un rempotage, toujours plus efficace qu'un apport d'engrais.
- **Les grimpantes**, à l'instar du dipladénia, se développent en continu et sont moins sujettes à la floraison par vagues. Si la floraison ralentit en plein été, effectuez un apport d'engrais. À la différence des arbustes, les lianes n'aiment guère être rempotées fréquemment.

Le surfaçage : plus salissant mais plus efficace qu'un apport d'engrais.

LES PRÉCAUTIONS À PRENDRE AVEC UN ENGRAIS

Les engrais du commerce (voir en pages suivantes) **sont très efficaces** car les matières qu'ils contiennent se libèrent plus ou moins vite au contact des racines. Ne les employez pas dans les conditions suivantes :

- la température dépasse 30 °C ou une période de canicule est annoncée
- la plante est entrée en repos, pour l'hiver par exemple
- la plante est malade ou affaiblie par un stress (manque de lumière, coup de gel, etc.)
- il y a déjà un engrais présent sous une autre forme dans le pot : les différentes formes d'engrais sont incompatibles entre elles à cause d'un risque d'excès de sels minéraux.

QUAND UNE PLANTE A-T-ELLE BESOIN D'ENGRAIS ?

Elle montre les mêmes signes que lorsqu'il lui manque un rempotage, mais de façon moins flagrante. Souvent, un apport d'engrais est utile lorsque la plante a investi tout le volume du pot mais n'a pas eu le temps d'y vieillir, quelques mois après sa plantation par exemple. **Les plantes à croissance rapide** (plantes à fleurs estivales, bambous…) ont plus besoin d'engrais que les plantes à croissance lente (cactées, petites plantes originaires de montagne…). Ainsi, pour garantir la bonne santé de la plante à long terme, **il est préférable de ne pas se baser que sur l'apport d'engrais mais de lui assurer un rempotage**, une fois de temps en temps (c'est-à-dire une année sur 3 ou 4, par exemple).
Il y a un équilibre à trouver entre les deux. Mais plus l'engrais est de bonne qualité (voir en pages suivantes), moins il y aura de rempoter.

Choisir un engrais du commerce

Les rayons regorgent de flacons, de boîtes… Il est bien difficile de s'y retrouver et d'être sûr d'acheter le bon engrais. Voici les repères indispensables.

LES FORMES D'ENGRAIS

Les engrais du commerce sont proposés sous différentes formes, qui ont leurs avantages et leurs limites :

▸ **L'engrais solide en granulés** : facile à disposer et à doser, cet engrais présente moins de risque d'erreur de dosage que les autres. Il existe deux variantes : l'engrais à action rapide et l'engrais enrobé, à libération progressive. Ce dernier coûte plus cher mais réduit les risques de brûlure des racines : il offre un bon compromis entre l'efficacité et le côté pratique.

▸ **L'engrais solide en bâtonnets** : il s'agit de petits cônes ou bâtons à planter dans le pot. Le risque de surdosage n'est pas exclu si le pot dans lequel on le met est trop petit. Les éléments nutritifs, par ailleurs, ne se retrouvent que d'un côté du pot. Mais il est très économique.

▸ **L'engrais liquide** : à diluer dans un arrosoir à main, il agit vite. Il existe des formulations pour différents types de plantes : agrumes, plantes à fleurs, légumes, etc.

▸ **L'engrais en poudre à diluer** : économique mais peu pratique, cette forme a tendance à disparaître. Les erreurs de dosage ne pardonnent pas !

LIRE UN EMBALLAGE D'ENGRAIS

Un engrais du commerce est toujours caractérisé par **trois chiffres marqués sur l'emballage : sa teneur en azote (notée N), en phosphore (notée P) et en potasse (notée K).** Le sigle NPK est ainsi suivi de trois chiffres, comme « NPK 10-8-6 ». **Les trois chiffres indiquent la quantité de chaque élément dans l'engrais.** Plus il y a d'azote par rapport au reste, plus l'engrais favorisera les feuilles. Il sera ainsi adapté aux plantes à feuillage décoratif, par exemple. Au contraire, un engrais riche en potasse (par exemple « NPK 5-5-14 ») conviendra aux plantes dont on veut favoriser les fleurs et les fruits. La majorité des légumes et toutes les plantes à fleurs entrent dans ce cas. Le phosphore est rarement nécessaire en grande quantité. À côté de ces trois chiffres, la mention d'oligo-éléments peut figurer : **les oligo-éléments sont un vrai plus pour la bonne santé de la plante** car ils évitent les carences. À choisir en priorité entre deux engrais similaires !

DE L'ENGRAIS, OUI, MAIS À LA BONNE DOSE !

L'autre point important à prendre en compte au moment de l'apport d'engrais est le dosage. Encouragez par exemple la floraison des potées fleuries en apportant un engrais complet (avec oligo-éléments, qu'il soit chimique ou organique) avec l'eau d'arrosage.

L'engrais liquide agit plus rapidement que l'engrais solide mais le risque de brûlure par erreur de dosage est plus élevé. Arrosez d'abord la potée à l'eau claire, une heure avant l'apport d'engrais. Respectez bien le dosage indiqué sur l'emballage et ne fertilisez pas trop souvent : une fois par mois suffit dans la plupart des cas. Mieux vaut un manque d'engrais qu'un excès.

VOIR VIDÉO
Fertiliser une plante avec un engrais

Nourrir en douceur

Il n'y a pas que le rempotage ou les engrais qui permettent aux plantes en pot de garder leur bonne santé. Même en appartement, avec les moyens du bord, vous avez des ressources : faites-en bon usage !

QUE VALENT LES « TRUCS DE GRAND-MÈRE » ?

Pour nourrir les plantes en pot, on recommande souvent, de bouche-à-oreille, quelques astuces.
Elles ne sont pas toujours bénéfiques !

- **Le marc de café :** riche en caféine, il nuit au développement des racines de la plante. En trop grande quantité, il moisit. Mais au pied d'une grande plante en pot, en petites quantités (1 cuillère à soupe/mois), il n'est pas forcément mauvais.

- **Le thé :** contenant des tanins, il nuit lui aussi aux racines. À éviter.
- **Le sucre en poudre et le sirop**, eux, ne nuisent pas à la plante : ils encouragent la vie microbienne du sol, la plante n'en tirant parti que de façon indirecte.

Pour le lait, c'est pareil.
De façon générale, les matières non décomposées ne sont pas adaptées à être directement déposées au pied des plantes.
Mais vous pouvez faire du compost en pot !

LE COMPOST EN POT

Vous pouvez fabriquer du compost sur un balcon, sans équipement particulier.

- **Dans un grand pot plastique**, pourvu de quelques trous de drainage au fond, prenez l'habitude d'ajouter vos déchets végétaux, coupés en petits morceaux. Les épluchures fines sont parfaites, mais évitez les déchets carnés ou trop

Paillis minéral : non nutritif !

Paillis organique (coques de cacao).

coriaces. Alternez chaque couche de déchet, tous les 5 cm, avec une couche de terre de 2 cm environ. Gardez toujours humide, à l'abri du soleil.

- **Brassez chaque mois le contenu** à la fourche à main.
- **Récoltez 6 mois après**, voire plus, mais pas avant. Vous pouvez même couvrir le pot d'une feuille plastique perforée et cacher ce compostier de balcon derrière de gros pots ou sous une étagère sur la terrasse.

PAILLIS RENOUVELÉ

Une autre façon de fertiliser le pied des plantes est de leur apporter un paillis, c'est-à-dire une couche de matière organique qui va se décomposer en nourrissant la plante. Le commerce propose une large gamme de paillis, souvent en quantités importantes, donc plutôt pour les grandes terrasses.
Calez cette litière avec des galets si le vent soulève les bribes ou que le chat vient y gratter.

Paillis organique : paillettes de lin.

VOIR VIDÉO
Employer un paillis organique

Plante par plante

Quelques légumes, des fleurs, des plantes aromatiques et des végétaux qui apportent du soleil ou qui cachent les murs : tout cela vous est offert sans trop de difficultés !

Les PLANTES À FLEURS

Leur diversité vous surprendra : vous pourriez en cultiver des milliers, quelles que soient les conditions que vous avez à leur offrir !

Zinnia.

Saxifrage.

LES FLEURS SAISONNIÈRES

Les géraniums des balcons (*Pelargonium*) sont les plus connus. À côté, vous trouverez une incroyable diversité de ces plantes qui ne vivent que de la fin avril jusqu'aux gelées, en offrant une multitude de fleurs. **Elles ont pour avantage de pousser très vite et d'offrir un spectacle pour peu d'efforts**. Leur point faible : à partir du mois de décembre (et même fin octobre en situation froide), elles doivent être remplacées par une potée d'automne ou d'hiver...

Leurs besoins sont assez simples : un terreau standard, des arrosages réguliers, sans excès ni manque. L'arrosage automatique est parfait pour elles. Un engrais liquide, apporté toutes les trois semaines, leur convient très bien. Vous pouvez aussi leur apporter un engrais à libération lente, au moment de la plantation, et qui leur fera toute la saison. Dans ce cas, n'apportez pas d'engrais liquide en plus.

ESSAYEZ LES POTÉES DE VIVACES

Vous n'aurez pas à les replanter chaque année puisqu'elles resteront à demeure dans leur pot. En pot, vous pouvez même cultiver une plante de terrain sec et calcaire à côté d'une plante de terrain humide, chacune dans son pot ! Idéalement mises en pot en fin d'hiver ou en automne, ces plantes

Géranium et oxalis (feuilles poupres).

Gazania et graminée (à l'arrière-plan).

peuvent s'installer en saison. Il vaudra mieux alors garder les pots à l'abri du plein soleil la première année, le temps que les plants s'installent. Ils seront plus fournis l'année suivante et dès la fin de l'été pour certains. Prévoyez un terreau riche. **Les plantes vivaces à feuillage coloré gardent pour certaines leur feuillage toute l'année**, même à l'ombre. L'arrosage doit être très régulier et la terre enrichie en argile. Prévoyez un contenant large (au moins 30 cm). Les géraniums vivaces, bien résistants au froid et à ne pas confondre avec les pélargoniums, offrent l'effet de pétunias miniatures. Offrez-leur un pot profond (40 cm), et rabattez le feuillage lorsque la floraison fatigue, afin d'inciter le sujet à repartir. Un pied dure 5 ans au moins, souvent plus.

VOIR VIDÉO
Associer trois types de plantes dans une composition

Les ARBUSTES À FLEURS

Ce sont tout d'abord les rosiers, qui peuvent être généreux en pot. Mais ce sont aussi les végétaux qui, en plus d'un écran en été, offriront des fleurs en saison !

Rose «anglaise», bien en pot.

Changez le pot après floraison.

Fertilisation organique.

LES ROSIERS

Ils se cultivent facilement en pot, à condition qu'ils ne soient pas de type grimpant (vérifiez sur l'étiquette avant d'acheter). Installez le rosier dans un pot haut et large à raison d'un seul rosier par pot, les racines ne devant pas se trouver à l'étroit. Apportez une terre riche, pas trop sableuse car les rosiers craignent la sécheresse en pot. **N'hésitez pas à rapporter de la terre un peu argileuse** à l'occasion d'une balade dans la campagne ! Enfin, placez les pots au sud ou à l'ouest. **N'hésitez pas à placer d'autres pots devant**, l'idéal étant que le pot du rosier soit protégé des rayons du soleil de l'après-midi.
Les rosiers à l'ombre ne fleurissent pas.

FLEURIS MAIS BIEN NOURRIS

Eau et engrais sont indispensables à la bonne floraison des rosiers cultivés en pot.
Si la sécheresse déplaît aux rosiers, la terre ne doit pas non plus être humide en permanence. Elle doit se dessécher en surface avant tout nouvel apport d'eau. Faites des essais si vous installez un arrosage automatique ! Apportez un engrais liquide riche en potasse chaque mois. Coupez les fleurs fanées au plus tôt, afin de ne pas épuiser le pied. Enfin, placez le feuillage en plein soleil.

LES AUTRES ARBUSTES À FLEURS

Qu'ils fleurissent au printemps, comme les cerisiers et pruniers à fleurs, ou en été, comme l'arbre à papillons, ils ont les mêmes besoins :

- **Une exposition lumineuse.** La mi-ombre leur convient bien, mais le soleil ne les dérange pas s'ils sont bien arrosés. À l'ombre totale, ils fleurissent moins, ont tendance à s'étioler et à tomber malade.
- **Un pot assez large** (20 à 50 l). Ces arbustes peuvent devenir très gros (jusqu'à 2 m et plus) si vous ne les taillez pas : ils peuvent alors servir de brise-vue. Mais vous pouvez aussi les tailler pour les forcer à garder une petite taille. Raccourcissez les tiges après la floraison, dès que les dernières fleurs ont fané. Vous n'aurez pas ainsi à les rempoter dans un pot de plus en plus grand et ils resteront dans le même contenant pendant des années, à condition de leur apporter de l'engrais ou de les surfacer (VOIR PP. 29-31).

Les hydrangéas, longue floraison.

Les arbustes ont besoin d'arrosages réguliers.

Il est indispensable de tailler la lavande.

Les FLEURS BULBEUSES

Exubérantes au printemps, les tulipes, crocus et perce-neige valent la peine d'être cultivés en pot car ils fleurissent à coup sûr !

LES POTS

Les fleurs bulbeuses viennent mieux en pot profond (au moins 30 cm de hauteur) : plus le bulbe est gros, et plus il faut l'enterrer profondément. **Le haut du bulbe doit se trouver sous une profondeur de terre équivalente à 2 fois la hauteur du bulbe.** Sachant que la base du bulbe doit se situer à au moins 7 cm au-dessus du fond du pot. Ces 7 cm correspondent aux 5 cm de terreau sur lesquels on les pose, lui-même posé sur 2 cm de drainage, voire plus. La hauteur du pot est donc facile à calculer. Par exemple, pour un bulbe de 5 cm de haut, il faudra un pot de 5 cm (le bulbe lui-même) + 2 x 5 cm + 7 cm = 22 cm. C'est vraiment le minimum. Il sera toujours bon de prévoir une hauteur supplémentaire sous le bulbe, car ses racines ne remontent pas en hauteur.

LA TERRE

Sélectionnez un terreau enrichi en argile, qui nourrira les bulbes sans les faire pourrir. Renforcez en revanche le drainage : l'excès d'eau ou une terre trop lourde les fait immanquablement périr. Enrichissez le tiers inférieur du substrat avec de la pouzzolane ou de l'argile expansée. Réservez une exposition au plein soleil, nécessaire au bon épanouissement des fleurs. Posez-les sur un lit de terreau de 15 cm de haut : le bon contenant doit avoir au moins 30 cm de hauteur. Couvrez ensuite les bulbes d'assez de terreau pour que celui-ci arrive à 2 cm sous le rebord. N'arrosez pas mais placez le pot à l'extérieur, afin que la pluie se charge de réveiller les bulbes, en douceur.

LES VARIÉTÉS

Les narcisses (ou jonquilles) sont très solides et durent longtemps en pot, les jacinthes et les crocus également. Les tulipes sont plus délicates. Les variétés à fleurs doubles et les tulipes perroquet ont tendance à souffrir du froid, plus intense en pot. Choisissez donc de préférence des variétés de tulipes simples.

LA QUALITÉ DES BULBES

Choisissez des bulbes de fort calibre : en pot, mieux vaut la qualité à la quantité ! Pour des tulipes au calibre de 12, voire 14 cm de circonférence, surtout s'il s'agit de variété à fleurs doubles ou multiflores. Côté jacinthe, cherchez des bulbes de 19 cm de circonférence et plus, et 14/16 cm pour les narcisses.

Placez une couche de terreau...

... et posez les bulbes dessus, pointe vers le haut

Tulipes en pot : aucun entretien !

LA PLANTATION

Peu importe que le temps soit sec ou humide au moment de la plantation. Posez simplement les bulbes sur un lit de terreau, en respectant un écartement d'au moins 5 cm entre les bulbes, couvrez de terreau… et attendez. Il n'est pas besoin d'arroser ni de fertiliser.

Plantation des lis en pot.

VOIR VIDÉO Planter des bulbes de printemps

Les AROMATIQUES à cultiver en pot

Elles sont variées mais les soins à leur donner varient selon qu'il s'agit de plantes aromatiques saisonnières (qui ne vivent qu'un été) ou vivaces (qui vivent plusieurs années).

LES AROMATIQUES VIVACES

Elles aiment des conditions de culture qui soient saines, c'est-à-dire :

- **un substrat assez drainant** et qui ne reste pas humide en permanence (la ciboulette aime un peu plus l'humidité que les autres).
- **une exposition ensoleillée**, surtout pour le romarin et la sauge. Les autres peuvent survivre à mi-ombre, voire à l'ombre mais leur saveur sera moins marquée.
- **une atmosphère non confinée** : l'air stagnant des cours protégées de grands murs encourage le développement de maladies sur les feuilles (une couche de champignon blanc), qui n'est pas fatal mais empêche la récolte pour le reste de l'année.
- **des arrosages réguliers**, ni plus ni moins que les autres plantes. Leur saveur est un peu plus marquée lorsque les arrosages sont trop espacés (sans que leurs feuilles ne flétrissent pour autant !).

CAS PARTICULIER
➜ La menthe

Un joli contenant et beaucoup d'eau : il n'en faut pas davantage pour qu'un seul plant de menthe vous fournisse tout l'été ! Plus le pot sera grand, moins il aura besoin d'arrosage. Ne voyez donc pas trop petit. Mais ne plantez rien d'autre avec car la menthe envahit tout le pot. Replantez-la dans un pot et comblez les lacunes entre le pot et la motte avec un terreau riche, enrichi en argile par exemple. N'hésitez pas à tasser avec les pouces sur les bords pour caler la plante. Arrosez copieusement. La menthe, par exception avec toutes les autres plantes, peut se cultiver dans un pot qui n'a pas de trou de drainage (pot étanche). Dans ce cas, il ne doit rester qu'1 cm d'eau au fond. Si le pot est percé, laissez la soucoupe dessous, avec toujours un peu d'eau (là encore, la menthe fait exception). La terre ne doit pas sécher en profondeur.

LES AROMATIQUES SAISONNIÈRES

Laissez la plante dans son pot après achat : elle n'a pas besoin d'un pot plus grand. Ratiboisez régulièrement les tiges pour récolter des feuilles et empêcher que les tiges à fleurs n'abrègent la vie de la plante. On ne coupe pas tout à fait à ras, mais juste au-dessus des petites feuilles que l'on aperçoit près de la base des tiges, à 1 cm environ au-dessus du niveau du sol. Une fois que les tiges commencent à fleurir, on ne peut plus leur redonner une seconde jeunesse !

Coupez le basilic très court !

VOIR VIDÉO Comment tailler le basilic

Vivaces	Saisonnières
ciboulette, estragon, fenouil, laurier, menthe, origan, romarin, sarriette, sauge	aneth, basilic, coriandre, persil

Les LÉGUMES en pot

Sur un rebord de fenêtre, vous pourrez grappiller quelques petites tomates et aromatiques. Sur une terrasse ou un grand balcon, à vous les récoltes !

Tomates-cerises, les plus adaptées à la culture en pot.

TOMATES À PORTÉE DE MAIN

Plantez-les à partir du 10 mai pour être sûr de ne pas pâtir de gelées tardives, à moins que vous n'habitiez une région douce ou le centre d'une grosse agglomération. Dans ce cas, vous pouvez planter dès la mi-avril. Les tomates ont besoin du plein soleil et ne craignent pas la réverbération d'un mur, ni les courants d'air.
Choisissez des variétés à petits fruits, mieux adaptées à la culture en contenant. Prévoyez alors 5 l de substrat par plant. La variété 'Tumbling Tom' est idéale en pot. Elle retombe ou s'attache à un tuteur.

DES POMMES DE TERRE EN POT

Il suffit de planter les tubercules à 10 cm de profondeur dans un pot haut d'au moins 30 cm, dans un substrat riche. Les jardiniers d'outre-Manche ont l'habitude d'ensevelir chaque mois le pied de la pomme de terre, de façon à forcer le pied à monter en hauteur et former de nombreux tubercules. Toutes les variétés conviennent, mais celles à petits tubercules ('Ratte' par exemple) donnent mieux.

À SAVOIR

→ À l'ombre, préférez les légumes-feuilles

Les salades, épinards et autres roquettes sont plus adaptés au manque de lumière que les légumes charnus, surtout ceux se formant à partir d'une fleur (tomates, etc.). Ces derniers sont impossibles à obtenir à moins que les pots ne bénéficient d'au moins 4 à 5 heures d'ensoleillement par jour en été. Ils ont de plus besoins de gros contenants, encombrants. Les légumes cultivés à l'ombre auront de toute façon une allure différente : ils seront plus effilés, leurs feuilles plus larges mais moins coriaces. Pour les salades et les radis, c'est parfait !

LE SAC À TOMATES

Il s'agit d'un simple sac de terreau posé à terre, dans lequel on découpe des loges, puis on plante directement dedans. Vous pouvez alors installer 3 plants à gros fruits dans un sac de 50 l. Ce n'est pas très esthétique mais c'est idéal pour profiter de quelques tomates et aromatiques de saison (le basilic surtout). **Attention à bien arroser** : le terreau ne doit pas sécher en profondeur. Si le sac n'est pas pourvu de trous de drainage, faites-en quelques-uns au cutter par de petites incisions (5 cm), sur la face qui sera contre le sol.

VOIR VIDÉO
Planter les tomates en sac

Les vieilles lessiveuses sont utiles pour cultiver des légumes sur une terrasse.

Un seul pied de fraisier suffit.

Accompagnez la salade avec du basilic, par exemple.

VOIR VIDÉO
Cultiver des légumes en pot

Une PLANTE GRIMPANTE en pot

Le jasmin, les clématites et bien d'autres permettent de coloniser les murs et les séparations pour s'isoler du voisinage. À vous la tranquillité !

Allamanda, à rentrer en hiver.

LES MEILLEURES PLANTES POUR CHAQUE EXPOSITION

Plein soleil	Jasmin, passiflore, vigne de table
Ombre partielle (un peu de soleil)	Chèvrefeuille, clématite, hortensia grimpant
Ombre totale	Akébia, lierre, vigne vierge

LE POT

Il doit être assez large (10 l pour une petite clématite, plus de 50 l pour un gros jasmin). Peu importe sa forme : les grimpantes peuvent pousser dans des contenants hauts ou larges, pourvu qu'ils soient assez vastes. Un pot plus large que haut est plus stable pour une grimpante, qui a beaucoup de prise au vent. Prévoyez d'installer une seule plante grimpante par jardinière. Mais vous pouvez y planter d'autres plantes au pied pour l'accompagner, si elles ne dépassent pas 50 cm de hauteur : c'est même préférable pour la plante grimpante.

L'EXPOSITION

Il y a des plantes grimpantes pour toutes les expositions, même l'ombre la plus dense. Mais chaque grimpante a ses exigences en matière d'exposition.

LA TERRE

Les grimpantes n'ont pas de besoin spécifique. Un terreau riche leur convient bien mais elles peuvent se satisfaire d'une qualité classique. En revanche, en saison, prévoyez un apport d'engrais pour leur donner un coup de pouce.

VOIR VIDÉO
Planter une grimpante en p

Pour obtenir une telle clématite, prévoir un très grand pot !

CAS PARTICULIER
➜ Les glycines

À moins de prévoir une jardinière de très grand volume (plus de 200 l), elles manquent d'espace pour fleurir. Au mieux, quelques grappes se formeront, mais pas davantage. Plus qu'une liane, la glycine est un arbre grimpant. Essayez plutôt la glycine naine comme 'Amethyst Falls', qui atteint tout de même 2 m de haut et qui porte des dizaines de grappes de fleurs parfumées. 50 l lui suffisent amplement.

SUR LE MUR DU VOISIN

Si vous faites grimper une plante sur un mur qui ne vous appartient pas, vous devrez demander l'autorisation à son propriétaire (ou au syndic s'il s'agit d'une partie commune). De préférence, sollicitez une autorisation écrite. Dans ce cas, choisissez une plante qui ne s'accroche pas par des crampons, pour éviter qu'elle ne laisse pas de trace sur le mur… La réfection serait à vos frais !

Les PLANTES MÉDITERRANÉENNES

Laurier-rose, oliviers, lavandes et compagnie apportent du soleil mais craignent les fortes gelées dans leur pot : attention à ce que votre balcon ne soit pas trop froid en hiver !

LE SUBSTRAT

Il doit être drainant et comporter une petite part de sable, mais il ne faut pas un substrat trop pauvre non plus. Les mélanges pour plantes méditerranéennes du commerce sont adaptés mais coûtent cher. Sinon, vous pouvez faire votre propre mélange pour les cultiver : à du terreau riche (spécial plantation), rajoutez du sable, de la perlite, de la pouzzolane, à raison d'un volume d'élément drainant pour trois volumes de terreau.

AUTRES POINTS IMPORTANTS

- **La matière du pot** : les plantes méditerranéennes se plaisent dans toutes les matières, à l'exception du plastique.
- **La couche de drainage au fond** : surdimensionnez-la un peu en prévoyant 5 cm d'élément filtrant au fond du pot.
- **L'arrosage** : il doit être modéré. Apportez-leur moitié moins d'eau qu'aux autres plantes. Les arrosages automatiques, s'ils sont mal réglés, ont tendance à faire pourrir la plante au niveau des racines.
- **La lumière** : qui dit méditerranéenne dit soleil. Elles ne se plaisent pas à la mi-ombre et dépérissent rapidement à l'ombre.
- **Le vent** : elles y sont naturellement résistantes mais en hiver, il peut griller l'extrémité de leurs feuilles.

LES HIVERNER

La plupart des plantes méditerranéennes ont besoin d'une protection en hiver. Le mieux est de les garder à la

Lavande-papillon.

Agave résistant au froid.

Agapanthe.

Olivier.

lumière, à 5 °C : une cage d'escalier ensoleillée ou un hall non chauffé suffisent. Sinon, il faudra regrouper tous les pots à l'endroit le plus abrité et les enrubanner dans un voile d'hivernage (une matière spéciale vendue en jardinerie), en plaçant les pots sur des cales pour que l'eau ne stagne pas en dessous. Mais si toute la terre gèle dans le pot, il y a des chances pour que la plante en souffre.

BELLES MÊME LOIN DU ROBINET

Certaines plantes cultivées en pot peuvent se passer d'arrosage, surtout si leurs racines peuvent s'échapper un peu et investir la terre en dessous. Plus la contenance du pot sera importante, et meilleure sera la résistance de la plante à la sécheresse. Choisissez des variétés très sobres, comme les variétés de romarin rampant. Les orpins (*Sedum*), l'armoise arbustive (*Artemisia* 'Powis Castle') et l'agneau-chaste (*Vitex*) donnent également d'excellents résultats.

VOIR VIDÉO
Surfacer un agrume

Quelques pistes d’inspiration

Quelques idées de scènes à reproduire sur une petite terrasse ou un grand balcon, pour créer un décor grâce aux plantes en pot.

Un air de vacances

Pots aux multiples teintes et plantes au feuillage coloré égayeront une terrasse ou un balcon à condition de profiter du plein soleil. L'effet reposant essentiellement sur la présence des pots, choisissez des plantes de petit développement, puisque les pots seront plus nombreux que nécessaire. Ne misez pas que sur les plantes estivales, car en hiver, les pots seraient vides.

Sous le soleil exactement

Des fleurs en forme d'étoiles (ici, des gazanias) ou de marguerites, des tons vifs associés à des feuillages qui affichent la couleur (lins de Nouvelle-Zélande pourpre, pennisétums) : ce type de composition est un parti pris qui ne fait pas dans la demi-mesure ! Bien entendu, à installer uniquement en plein soleil, si possible là où les températures peuvent monter haut en été.

Inspirations

Un effet « cabanon »

Sur quelques mètres carrés, l'impression de la campagne à la ville sera apportée par le bois de récupération, délavé, dont des végétaux peu exigeants prendront possession. Évitez les fleurs sophistiquées (la clématite à fleurs simple peut encore passer, mais pas un rhododendron ni un camélia par exemple). Prévoyez une plante grimpante comme une vigne vierge ou du lierre ou servir de « liant » à l'ensemble. Le bois sert plus de parement de recouvrement des murs, et de matériaux masquant les jardinières. Avec les années, le tout se patine.

Une évocation du bord de mer

Des hortensias (bleuissant grâce à un engrais spécial) et des graminées au port souple, s'agitant avec le vent, sont essentielles pour rendre un effet de proximité maritime.
À part le bleu, intégrez des plantes à floraison blanche, mais évitez les autres couleurs. À choisir à la mi-ombre (l'exposition préférée des hortensias) ou au soleil (certains hortensias y sont adaptés). Prévoyez un arrosage automatique, le vent desséchant plus vite les pots.

Une scène japonisante

Pour conférer une sensation de calme et de sérénité à un endroit, il faut des plantes qui évoluent peu mais de façon marquée avec la saison : **le trio bambou, camélia et érable du Japon est parfait** pour cela. À installer à un endroit où le soleil de l'après-midi, en été, ne vient pas. Les scènes japonisantes s'accommodent mal des fortes lumières. Mettez chaque plante dans son propre pot, afin de les déplacer en saison en fonction de leur intérêt : floraison du camélia, feuillage frais bu bambou en hiver, couleurs d'automne de l'érable du Japon, etc. En complément, des éléments de décoration en pierre peuvent accompagner les plantes, mais attention à ne pas surcharger car l'effet de sérénité serait brouillé.

Des feuillages à l'ombre

Les hostas, les fougères et les heuchères, aux feuillages très colorés, donnent une impression de fraîcheur et d'opulence là où le soleil ne parvient pas.
Les heuchères peuvent être plantées à 2 ou 3 par pot ; il est préférable de mettre les hostas seuls car leurs racines épaisses laissent peu de place au reste.
Pour ce genre d'installation, une lessiveuse de récupération ou un seau en zinc est idéal. Le soleil ne risque pas de faire trop chauffer le métal, qui fait ressortir les feuillages, et le tout peut supporter des éléments de décoration (objets patinés ou de brocante).

LA RECETTE
→ Pour une composition réussie

Un grand pot et trois types de plantes suffisant à créer une composition équilibrée. Plantez ensemble:
- une plante dite « structurante », aux tiges droites ou sinueuses mais en tout cas à la silhouette très caractéristique
- une plante « dominante » qui attirera l'attention par la couleur de sa floraison ou la forme très nette de ses fleurs par exemple, ou encore une plante au feuillage remarquable. Elle ne doit pas faire concurrence à la plante structurante
- une plante « volumante », qui créé du lien mais sans s'imposer face aux autres ; ce peut être une graminée vaporeuse, de la gypsophile...

Une ambiance post-industrielle

Des fûts métalliques, des éléments de récupération mais proprement repeints et disposés : pour être réussi, cet effet ne doit pas miser sur des contenants bruts mais détournés. Placez-y une végétation exubérante mais contenue : des plantes poussant en cascade, des graminées au port net (*Miscanthus*) Vous pouvez aussi y cultiver des légumes mais attention à la présence de matières nocives dans ces éléments de récupération. Attention, dans tous les cas, au poids : ce type de décoration est à réserver à une cour.

La ville est à moi

Si vous avez accès (avec autorisation dûment écrite) au toit d'un immeuble, les éléments environnants vous serviront de cadre et il n'est pas alors besoin de les masquer. Le végétal, ici, n'est que la preuve de votre présence dans les lieux. Limitez-la à quelques jardinières amovibles et bien positionnées, dans lesquelles vous ferez pousser quelques légumes ou plantes utilitaires. Les tomates et autres légumes d'été y seront parfaits.

Cas pratique : une cour verdoyante

La première étape a consisté à placer des contenants assez larges pour accueillir une végétation luxuriante : lessiveuses, baignoire en zinc, etc., pour le côté «brocante». rempli de terre, chacun de ces contenants (troués au fond, au préalable) a servi de pot pour des arbustes toujours verts (les «persistants»), des fougères, des rhubarbes géantes, des grimpantes. un effet réussi mais pensez à bien négocier avec le syndic ou la copropriété avant de vous lancer dans une telle installation !

Effet de couloir fleuri sur 120 cm de large.

SOS PLANTES

En pot à l'extérieur, les plantes peuvent rencontrer quelques pépins. Voici les principaux et leurs solutions.

Dépérissement

Le flétrissement soudain d'une plante, surtout par temps doux (température supérieure à 10 °C) alors que la motte est très humide trahit clairement **une attaque de champignon au niveau des racines**, qui se sont trouvées fragilisées par des arrosages excessifs. Une coupe oubliée sous le pot peut en être la cause, ou un arrosage automatique mal réglé. La plante qui a dépéri peut parfois repartir de la base lorsqu'on la coupe à ras, comme les clématites. Les arbustes comme les conifères, eux, ne repartent pas. Évitez de replanter une plante dans le même pot : désinfectez-le et changez la terre avant.

Dépérissement d'un Rosier.

Mauvaises herbes

Elles peuvent prendre le contrôle d'un pot, en particulier le « faux trèfle » (l'oxalis). **La gêne pour la plante est faible** et c'est plus au niveau visuel que cela peut poser souci. Seul un arrachage manuel et minutieux vous permettra d'en venir à bout.

L'oxalis peut être très envahissant dans les pots.

Gel

Il se traduit par deux symptômes différents : dans un premier temps, une impression de soif, puis, s'il dure trop longtemps, le dépérissement de la plante. La congélation de la motte et des racines est fatale à de nombreux arbustes si le froid dure longtemps (plusieurs journées d'affilée). Mieux vaut laisser une plante congelée dégeler lentement en extérieur plutôt que de la rentrer dans un local chauffé, sous peine de la tuer.
La plupart du temps, avant d'en arriver là, la plante va montrer des signes de soif : le feuillage pend, car l'eau lui est inaccessible au niveau des racines. Inutile de l'arroser : cela ne ferait qu'empirer la situation. Déplacez le pot dans un endroit abrité des vents, en l'emmitouflant dans une protection.

Pour passer l'hiver à l'extérieur, il faut non seulement que la plante soit suffisamment résistante au froid, mais aussi que le pot ait été choisi pour résister au gel.

Pousses étiolées

Une plante qui manque de lumière (plante de soleil placée trop à l'ombre, par exemple) va former des tiges très longues et fragiles. Elle sera aussi plus sensible aux maladies et moins florifère. Seul **un déplacement du pot vers une zone mieux éclairée**, profitant du soleil une partie de la journée, résoudra le problème.

Morsures caractéristiques de l'otiorhynque.

Otiorhynques

Très fréquents sur les terrasses, les chenilles de ce coléoptère s'activent la nuit et se cachent le jour dans la terre des pots. Vous vous rendrez compte de leur présence aux dégâts qu'elles font sur les feuilles dont elles découpent les bords de façon caractéristique. Ces dégâts peuvent être graves si la plante n'est pas très vigoureuse. On trouve dans le commerce un **traitement bio à base de nématodes** (*Heterorhabditis*) à effectuer deux années de suite. Assez coûteux, il sera rentable si l'on a peu de pots.

Index